지은이 파멜라 S. 터너

논픽션 작가로, 일본, 우간다, 필리핀, 캘리포니아 남부, 호주 등 다양한 곳에서 많은 책을 썼어요. 『사무라이 봉기』로 미국청소년도서관협회상 논픽션 부문 최종 후보에 올랐으며, 『까마귀는 똑똑해』와 『개구리 과학자』로 뛰어난 어린이 청소년 과학 도서에 수여하는 AAAS/Subaru SB&F 상을 수상했어요. 현재 미국 캘리포니아주 오클랜드에 살고 있어요.

그린이 비비언 밀덴버거

미국 테네시주 내슈빌에서 삽화와 도예를 비롯한 재미있는 작업을 하고 있어요. 그중에서도 어린이 책의 삽화 작업을 가장 좋아해요. 『물 한 방울의 세상』으로 로버트 F. 시버트 상을 받았고, 여러 책에 그림을 그렸어요.

옮긴이 길상효

그림책과 동화, 소설을 쓰고 번역해요. 대상 독자층이 각기 다른 이야기를 쓰며 방황하는 일이 때로는 힘과 안식을 주는 것에 놀라곤 해요. 「소년 시절」로 제3회 한국과학문학상을, 『깊은 밤 필통 안에서』로 제10회 비룡소문학상을, 『동갑』으로 제5회 웅진주니어그림책상을 수상했어요. 『산딸기 크림봉봉』『살아남은 여름 1854』『여기 아기 천산갑이 있어요』 등을 번역하고, 그림책 『감자 친구』를 쓰고 그렸어요.

한밤의 혜성 사냥꾼
천왕성을 공동 발견한 캐롤라인 허셜

초판 인쇄 2024년 4월 11일 초판 발행 2024년 4월 11일
지은이 파멜라 S. 터너 그린이 비비언 밀덴버거 옮긴이 길상효
펴낸이 남영하 편집 김가원 김주연 전예슬 디자인 박규리 마케팅 김영호 변수현
펴낸곳 ㈜씨드북 주소 03149 서울시 종로구 인사동7길 33 남도빌딩 3F 전화 02) 739-1666 팩스 0303) 0947-4884
홈페이지 www.seedbook.co.kr 전자우편 seedbook009@naver.com 인스타그램 instagram.com/seedbook_publisher
ISBN 979-11-6051-604-3 (77800) 세트 979-11-6051-482-7

Comet Chaser: The True Cinderella Story of Caroline Herschel, the First Professional Woman Astronomer
Text copyright © 2024 by Pamela S. Turner.
Illustrations copyright © 2024 by Vivien Mildenberger.
First published in English in 2024 by Chronicle Books LLC, San Francisco, California.
Korean Translation Copyright © 2024 by Seedbook, Korea
This Korean edition was published by arrangement with Chronicle Books LLC
through PROPONS Agency, Korea
이 책의 한국어판 저작권은 프로폰스 에이전시를 통해 Chronicle Books LLC와 독점 계약한 (주)씨드북에 있습니다.
저작권법에 의하여 한국 내에서 보호를 받는 저작물이므로 무단 전재 및 복제를 금합니다.

제조국명: 대한민국 | **사용연령:** 6세 이상
KC마크는 이 제품이 공통안전기준에 적합하였음을 의미합니다.
종이에 베이지 않게 주의하세요.

• 책값은 뒤표지에 있어요. • 잘못 만들어진 책은 구입하신 서점에서 바꾸어 드려요. • 씨드북은 독자들을 생각하며 책을 만들어요.

한밤의 혜성 사냥꾼

천왕성을 공동 발견한 캐롤라인 허셜

파멜라 S. 터너 글　비비언 밀덴버거 그림　길상효 옮김

씨드북

아득한 우주의 추위가 독일 하노버의 자갈길에 내려앉은 맑은 겨울밤이었어요.
캐롤라인 허셜은 아빠와 함께 밤하늘을 올려다보았어요.

아빠는 황소자리, 안드로메다자리, 카시오페이아자리 같은 별자리를 보여 주었어요.
그리고 검은 융단 같은 밤하늘에서 눈송이처럼 반짝이는 혜성 하나를 가리켰어요.

"아빠는 우주에 푹 빠진 사람이었어요.
아는 것도 제법 많았고요……."

캐롤라인은 아빠와
특별한 순간을 가진 적이
거의 없었어요.

아빠는 늘 바빴어요.
오빠들에게 음악을 가르치고
공부를 시키느라고요.

캐롤라인에게 숙제 따위는 없었어요.
학교에 다니다 말았거든요.
여자가 공부는 해서 뭣 하느냐며
엄마가 캐롤라인을 집에 눌러 앉혔어요.

캐롤라인은 어릴 때 앓은 병으로
얼굴에 흉터가 남아 있었어요.
엄마는 캐롤라인이 결혼도 못 할 거라고 생각했어요.
그리고 캐롤라인을 하녀처럼 부렸어요.
네가 일을 안 하면 누가 하느냐면서요.

"엄마는 어린 나에게
모질게 굴었어요."

캐롤라인은 설거지와 청소와 바느질로 바빴어요.
하지만 불꽃 같은 작은 희망을 놓치지 않았어요.
캐롤라인은 일하는 틈틈이 아빠가 음악을 가르치는 방에 살며시 들어갔어요.
잠자리에서도 아빠와 오빠들의 대화에 귀를 기울였어요.
우주와 과학 그리고 수학 이야기가 들려왔어요.

아빠는 오랜 병으로 세상을 떠났어요.
열일곱 살이던 캐롤라인은
하늘이 무너지는 것만 같았어요.

가장 친했던 윌리엄 오빠마저
음악을 하러 영국에 가 있을 때였어요.
두 사람이 없는 집에
빛이라고는 남아 있지 않았어요.

하지만 캐롤라인은 청소를 하면서도 꿈꿨어요.
화려한 파티와 멋진 남편감이 아니라
자신의 직업과 미래에 대해서요.
학교에 제대로 다니지 못했으니
선생님은 될 수 없었어요.
재봉사는 엄마가 반대할 게 뻔했고요.
집안일은 누가 하냐고 하면서요.
캐롤라인은 앞날이 캄캄했어요.
아무것도 될 수 없을 것 같았어요.

"미래를 내다볼 자신이 없었어요."

머나먼 영국에서 윌리엄은 동생 걱정이 이만저만이 아니었어요.
어느 날 윌리엄은 엄마에게 편지로 물었어요.
캐롤라인을 데려다 함께 살아도 되느냐고요.
윌리엄은 음악 활동으로 바쁘다고 했어요.
그래서 캐롤라인이 공연에서 노래도 부르고, 악보도 옮겨 적고,
심부름도 하면 좋겠다고 했어요.

엄마는 안 된다고 했어요.
집안일은 누가 하느냐면서요.

하지만 윌리엄은 포기하지 않았어요.
하인을 쓸 돈을 보내겠다고 하자
마침내 엄마가 허락했어요.

1772년, 캐롤라인은 윌리엄 오빠네 집으로 향했어요.
새로운 나라, 새로운 언어, 새로운 시작이
기다리는 곳으로요!

캐롤라인은 오빠를 대신해
악보를 옮겨 적고 장을 봤어요.
윌리엄은 캐롤라인에게
영어와 노래를 가르쳤고요.
머지않아 캐롤라인은 윌리엄의
공연에서 노래하게 되었어요.

캐롤라인은 돈 계산을 잘 못했어요.
그래서 장보기를 어려워했어요.
윌리엄은 캐롤라인에게 셈도 가르쳤어요.

캐롤라인은 덧셈과 뺄셈을 금세 배웠어요.
남자든 여자든 수학을 제대로 배우기 힘든 때였어요.
하지만 캐롤라인은 복잡한 계산, 도형과 그래프,
삼각 함수까지 모조리 익혔어요.

저녁이면 윌리엄과 캐롤라인은
별이 총총한 밤하늘을 올려다보았어요.
별을 사랑하던 아빠의 기억을 소중히 떠올리면서요.

어린 시절도, 고향인 독일도 아득히 멀어졌지만
밤하늘에서 손짓하는 별빛과
어두운 지평선을 비추는 행성들만은 그대로였어요.

"우주와 별자리에 대해
이야기하는 시간이 우리에게는 휴식 같았어요."

윌리엄은 밥을 먹을 때도 책에서 읽은 천문학 지식을 캐롤라인에게 전해 주었어요. 언제부터인가 두 사람은 남이 알아낸 사실만으로는 성에 차지 않았어요.

두 사람이 직접 망원경을 만들지 말란 법도 없었어요.

캐롤라인과 윌리엄은 온종일 천문학과 음악에 매달렸어요.
낮에는 계산식을 세워 망원경 렌즈와 원통을 만들고,
밤에는 음표 하나하나를 아름다운 소리로 연주했어요.

렌즈를 깎는 날카로운 소리가 잦아들면
아름다운 바이올린 연주가 시작되었어요.

두 사람은 원통의 길이가 2미터인 망원경과
그보다 뛰어난 6미터짜리 망원경을 만들었어요.
하지만 막상 그걸로 뭘 해야 할지 몰랐어요.
윌리엄은 밤하늘의 지도를 만들어 보자고 했어요.
그러려면 보이는 것마다 그 위치를 재어야 했어요.

그 시절의 천문학자들은 하늘에서 쉽게 볼 수 있는
다섯 개의 행성을 주로 관찰했어요.
수성, 금성, 화성, 목성, 토성이었어요.

망원경의 성능이 썩 좋지 않아서
먼 별은 애써 관찰하지 않던 시절이었어요.

하지만 남매는 그 사실을 알지 못했어요.
자기 집 뒷마당에서 별을 보는 것만으로도 즐거웠어요.

맑은 날 밤이면 두 사람은 밤하늘의 지도를 만들었어요.
윌리엄이 망원경을 들여다보며 별들의 거리를 재면
캐롤라인이 그 숫자를 받아 적었어요.

그런 다음 캐롤라인은 또박또박 식을 적으며
계산하고 또 계산했어요.
그렇게 별들의 위치를 구했어요.
계산기를 쓰지 않고서도요.
아직 계산기가 발명되기 전이긴 했지만요.

"남들에게는 골치 아플지 몰라도
나는 그 일이 재밌기만 하던걸요."

어느 날, 밤하늘을 관찰하던 윌리엄은
새로운 것을 발견했어요.
"성운처럼 보이는 별이거나 혜성 같아."
윌리엄은 그 사실을 천문학자들에게 편지로 알렸어요.
천문학자들은 그것이 별도 혜성도 아니라는 걸 바로 알았어요.
그건 태양에서 아주 멀어서 거의 안 보이던 행성이었어요.
훗날 천왕성이라고 불릴 행성이 처음으로 발견된 순간이었어요.

유럽 전역의 천문학자들은 믿을 수가 없었어요.
뒷마당에서 별 구경이나 하던 사람들이 행성을 발견했다고?
남매의 집에 도착한 천문학자들은 두 사람이 만든 망원경이
세계 최고라는 걸 직접 확인했어요.
그 망원경으로 지금껏 보지 못한 먼 우주를 볼 수 있었어요.

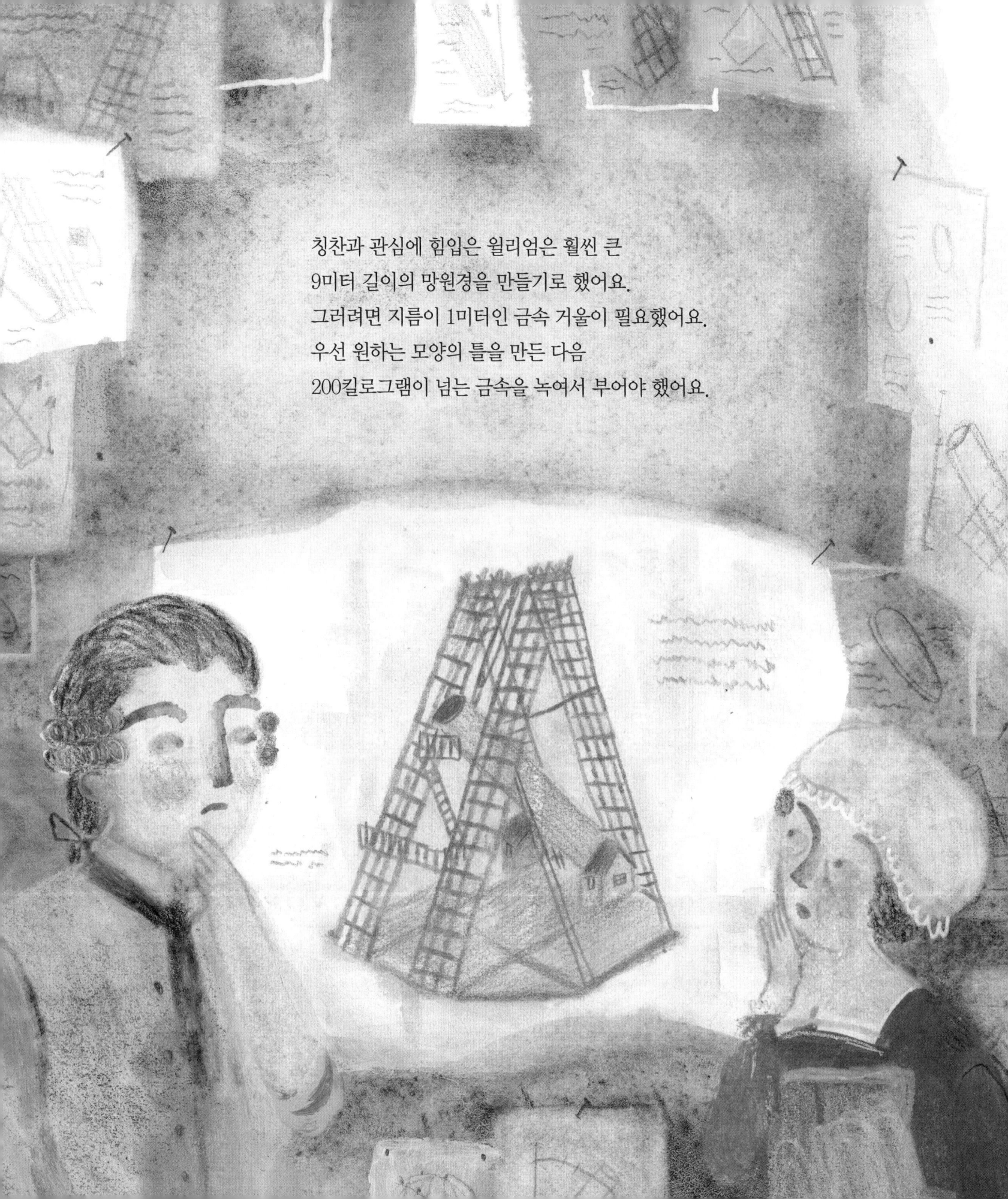

칭찬과 관심에 힘입은 윌리엄은 훨씬 큰
9미터 길이의 망원경을 만들기로 했어요.
그러려면 지름이 1미터인 금속 거울이 필요했어요.
우선 원하는 모양의 틀을 만든 다음
200킬로그램이 넘는 금속을 녹여서 부어야 했어요.

망원경에 맞는 금속 거울을 만들려면
정확한 모양의 틀부터 만들어야 했어요.
녹인 금속을 그 틀에 붓고 식히면
크고 둥근 판이 만들어질 거예요.
그 판의 표면을 갈고 또 갈면
반짝반짝한 거울이 될 거고요.

하지만 아무리 찾아 봐도
그 일을 해낼 만한 금속 기술자가 없었어요.
그렇다면 직접 나서는 수밖에요.
두 사람은 틀을 만들 재료부터 알아봤어요.
주변에서 쉽게 구할 수 있고, 값도 싸야 했어요.
또 모양을 만들기 쉬우면서도 말리면 단단해져야 했고요.

말똥만 한 게 없었어요!

**"해도 해도 끝이 없었어요.
온몸이 으스러질 것 같았어요."**

틀을 반죽하려면 말똥을 가루로 만들어야 했어요.
캐롤라인은 양동이마다 가득 주워 담은 말똥을
온 힘을 다해 빻은 다음 체로 걸렀어요.

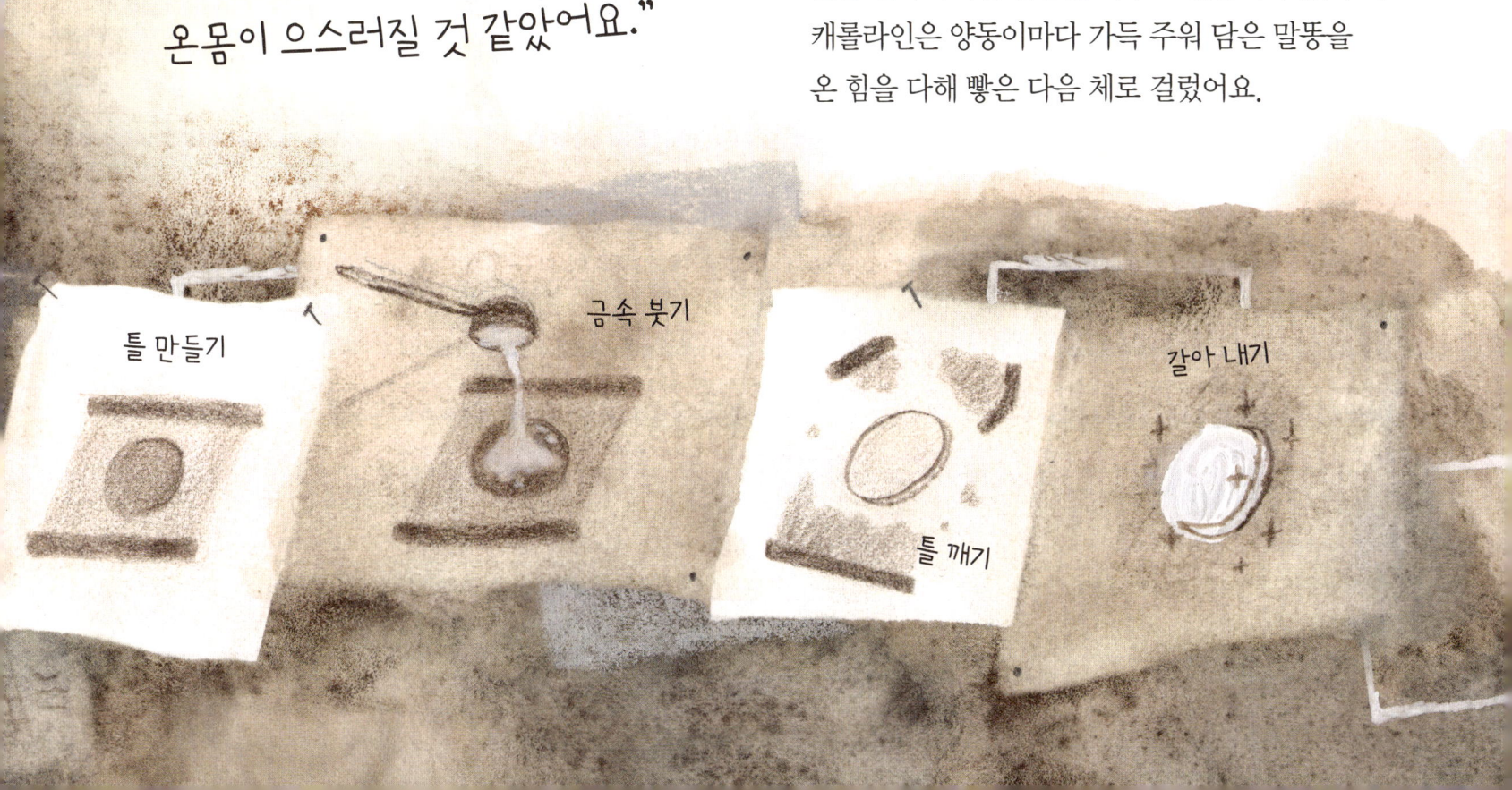

틀 만들기   금속 붓기   틀 깨기   갈아 내기

남매는 방 하나를 작업실로 만들었어요.
커다란 용광로를 들여놓자
금속 제작소가 완성되었어요.
두 사람은 용광로에서 녹인 금속을
말똥으로 빚은 틀에 부었어요.
몇 번의 시도 끝에 완벽한 거울이 탄생했어요.

한번은 뜨거운 금속이 작업실 바닥에 흘러내렸어요.
그러자 바닥에 깔린 돌이 산산조각 나면서 사방으로 튀었어요.
윌리엄과 작업자들은 걸음아 날 살려라 도망쳤어요.
정원에 있던 캐롤라인까지 소스라치게 놀랐어요.

남매의 일은 힘들고 지저분하고
위험한 데다 돈도 많이 들었어요.
다행히 천문학을 아끼는 조지 3세 왕이 돈을 보내 준
덕분에 윌리엄은 직업 천문학자가 되어 계속 일할 수 있었어요.

캐롤라인은 선택의 갈림길에 섰어요.
오빠 곁을 떠나 직업 가수가 된다면?
그동안 관객의 반응도 좋았으니
영국 곳곳에서 공연할 수 있을지도 몰랐어요.
오빠 곁에 남는다면?
오빠의 그늘에 가려
홀로 빛나지 못할 수 있었어요.
오빠를 따를 것인가,
자신을 따를 것인가의 문제였어요.

"홀로서기의 꿈을
잊은 적이 없었어요."

결국 캐롤라인은 오빠 곁에 머물기로 했어요.
오빠를 향한 사랑과 그동안 함께해 온 일을
여기서 멈출 수는 없었어요.
두 사람은 왕이 사는 성 근처로 이사하고
새 망원경을 만들기 시작했어요.
무려 12미터 길이의 망원경이었어요.
잉크가 얼어붙을 만큼 매서운 추위도
두 사람을 꺾을 수 없었어요.

남매는 천왕성 주위를 도는 달 두 개와
토성의 달 두 개를 새로 발견했어요.
그리고 구름처럼 뿌연 성운도 지도에 채워 넣었어요.
그 전까지 천문학자들이 지도에 넣은 성운은 100개 정도였어요.
그 뒤로 남매가 찾아낸 성운은 무려 2,400개가 넘었어요.

"어쩌다 구름이나 달빛 때문에
관측이 어려운 밤이 아니고서는
잠잘 시간도 없었어요."

윌리엄은 과학자들 사이에서 천문학계의 스타로 떠올랐어요.
마차가 와서 윌리엄을 회의와 식사와 파티에 실어 날랐어요.
그런 밤이면 캐롤라인은 홀로 집에 남았어요.
이슬 젖은 풀밭에 앉아 '혜성잡이'라고 이름 붙인
작은 망원경으로 밤하늘을 올려다보면서요.

1786년 8월 1일,
캐롤라인이 무언가를 발견했어요.
별인가 싶었지만……

그곳은 별이 있을 자리가 아니었어요.
캐롤라인은 그 위치를 주의 깊게 살폈어요.
어쩌면 그건 혜성일지도 몰랐어요.
캐롤라인은 그것이 다른 별들과 달리
매일 움직이는지를 확인해야 했어요.

다음 날, 비가 내리자 캐롤라인은 걱정에 잠겼어요.
흐린 밤하늘을 제대로 관찰할 수 없을까 봐서요.

빛이 사그라들고 구름이 흩어지자
밤하늘이 펼쳐졌어요.
캐롤라인은 전날 밤의 그 자리를 다시 찾아 보았어요.
반짝이는 것이 그 자리를 벗어나 있었어요!

혜성이 틀림없었어요!

캐롤라인은 너무 설렌 나머지 밤잠도 잊은 채
천문학자들에게 편지를 썼어요.
자신이 찾은 게 혜성이 맞는지 확인해 달라고요.

나흘 뒤, 과학자들이 캐롤라인을 찾아왔어요.
설마 혜성이 맞을까 하는 떨떠름한 얼굴로요.
그들은 캐롤라인의 '혜성잡이' 망원경을 들고
캐롤라인이 발견했다는 천체를 찾아 보았어요.

혜성이 맞아요! 어둠 속에서 작은 빛이 윙크로 답했어요.

몇 주 뒤, 윌리엄이 집으로 돌아온 무렵이었어요.
새로운 혜성 소식이 왕의 귀에도 들어갔어요.
왕은 윌리엄을 윈저 성으로 불러서 부탁했어요.
캐롤라인이 발견한 혜성을 왕실 가족에게 보여 달라고요.

대단한 일이었어요!
여성 천문학자가 혜성을 발견하다니!
조지 왕은 캐롤라인이 계속 일할 수 있도록
돈을 보내 주었어요.

마침내 캐롤라인은 서른일곱의 나이에 직업을 갖게 되었어요.
선생님도, 재봉사도, 가수도 아니었어요.
캐롤라인은 여성 최초로 직업 천문학자가 되었어요.

"그 돈은 난생처음 내 마음대로
쓸 수 있는 돈이었어요!"

캐롤라인은 그 뒤로 11년 동안 7개의 혜성을 더 찾아냈어요.
그야말로 혜성을 쓸어 담던 캐롤라인은
1797년에 망원경도 없이 혜성 하나를 더 발견했어요.

한 동료 과학자는 이렇게 존경을 표했어요.
"밤하늘에서 캐롤라인에게 걸렸다가는 빠져나갈 도리가 없다."

캐롤라인은 아일랜드 왕립학회의 회원 자격을 얻고
프로이센 국왕에게 훈장도 받았어요.
과학계의 관심이 캐롤라인에게 쏟아졌어요.

하지만 그 시절의 과학 모임은
여성을 제대로 된 회원으로 받아들이지 않았어요.

영국 왕립천문학회는 캐롤라인에게
명예 회원 자격과 훈장을 수여했어요.
훈장에는 캐롤라인의 이름과
12미터짜리 망원경 그림,
그리고 천문학회의 중심 생각이 새겨져 있었어요.

QUICQUID NITET NOTANDUM.
퀴퀴드　　　니테트　　　노탄둠

그것은 별과 행성과 혜성을 비롯해
우주의 모든 것을 향한 말이었어요.
어쩌면 캐롤라인까지도요.

빛나는 모든 것을

바라보라

QUICQUID NITET NOTANDUM

"고향에서 나는 부엌데기일 뿐이었어요."

캐롤라인 허셜은 1750년 3월 16일, 하노버에서 태어났어요. 하노버가 지금은 독일 영토에 있지만 캐롤라인이 태어난 당시에는 영국의 조지 2세 왕이 지배하던 곳이었어요(조지 2세 왕은 하노버 가문의 일원이었어요). 하지만 독자의 혼란을 피하기 위해 이 책에는 '독일 하노버'라고 표기했어요.

고된 집안일에서 벗어난 캐롤라인은 오빠 윌리엄과 둘도 없는 짝이 되어 과학계에 놀라운 업적을 이루어 냈어요. 허셜 남매를 포함한 천문학자들이 만든 망원경은 현재 22개가 남아 있어요. 그중에는 윌리엄이 천왕성을 발견할 때 사용한 2미터짜리와 캐롤라인이 사용한 또 다른 2미터짜리 망원경도 있어요. 두 사람은 천왕성, 천왕성의 달 2개, 천왕성의 고리, 토성의 달 2개, 그리고 2,400개의 성운을 발견했을 뿐 아니라 800개가 넘는 쌍둥이별도 찾아냈어요. 쌍둥이별은 서로 가까이 있어서 지구에서는 하나로 보이는 두 개의 별을 뜻해요.

두 사람은 최초로 우리 은하의 크기와 모양을 측정한 천문학자예요. 허셜 남매의 성과로 천문학은 새 시대를 맞았고, 과학자들은 행성들 너머의 드넓은 우주 공간을 더는 가볍게 볼 수 없었어요.

지금이라면 허셜 남매가 함께 이룬 결과가 바탕이 된 모든 과학 논문에 두 사람의 이름이 나란히 실렸을 거예요. 하지만 18세기엔 윌리엄은 과학자로 불린 반면 캐롤라인은 뛰어난 수학적, 천문학적 능력에도 불구하고 그저 조수로 불리는 게 당연했어요. 그럼에도 남매는 서로를 아끼고 사랑했어요. 캐롤라인에게 가장 슬펐던 날은 윌리엄이 84세로 세상을 떠난 1822년 8월 25일이었어요. 캐롤라인은 윌리엄이 늦게나마 결혼해서 아들 존을 남긴 것에 큰 위안을 얻었어요. 존 허셜은 아버지와 고모의 뒤를 이어 훌륭한 천문학자가 되었어요.

윌리엄이 세상을 떠난 뒤 캐롤라인은 더는 영국에 머물지 못하고 독일로 돌아갔어요. 하지만 조카 존과는 여전히 가까운 사이로 지냈어요. 존은 독일로 자주 찾아오고 고모에게 편지도 자주 보냈어요. 캐롤라인에게는 조카의 우주 관측을 돕는 것이 큰 기쁨이었어요.

노년이 되어서도 캐롤라인은 천문학 발전에 보탬이 되었어요. 수천 개의 별과 성단, 그리고 성운의 위치를 나타내는 도표를 여러 개 만들었어요. 그 도표들은 아주 정교해서 그중 몇 개는 아직도 쓰이고 있어요.

캐롤라인은 98세가 되던 1848년에 독일 하노버에서 숨을 거두었어요. 그리고 가장 아끼던 아버지의 천문학 서적, 윌리엄의 머리카락 한 줌과 함께 묻혔어요.

더 알아보기

천문학은 우주 공간 및 별과 행성, 혜성, 성운을 연구하는 학문이에요.

혜성은 우주 먼지가 뭉친 거대한 덩어리인데 산 하나만큼 큰 것도 있어요. 혜성은 대개 타원 궤도를 그리며 태양 주위를 돌아요. 가스와 먼지로 이루어진 혜성이 태양 가까이에 오면 태양풍과 태양열 때문에 긴 꼬리를 드리워요. 맨눈으로도 보일 만큼 커다란 혜성은 드물어요. 그래서 예전에는 그렇게 큰 혜성이 나타나면 재앙이 닥칠 징조라고 믿고 두려워하는 사람들도 있었어요. 캐롤라인이 발견한 혜성들 중 하나를 1939년에 로저 리골렛이라는 천문학자가 다시 발견했어요. 이 허셜-리골렛 혜성은 2092년에 지구 곁을 지나갈 예정이니 꼭 지켜보세요!

성운은 먼지와 가스로 이루어진 거대한 구름이에요. 이 구름은 별을 만드는 물질을 지니고 있어요. 어떤 성운은 별이 폭발하면서 생긴 잔해로 이루어져 있고, 어떤 성운은 별이 되는 과정에 있기도 해요.

천왕성은 희한한 행성이에요. 토성처럼 고리를 지녔지만 옆으로 누워서 자전해요. 천왕성은 태양으로부터 27억 킬로미터 떨어져 있으며 태양 주위를 한 바퀴 도는 데는 84년이 걸려요. 윌리엄 허셜은 조지 3세 왕을 기리는 뜻에서 자신이 발견한 그 행성을 '조지'라고 부르자고 했어요. 하지만 다른 천문학자들은 우주의 존재에 고작 지구의 왕 이름을 붙이는 것을 원치 않았어요. 먼저 발견된 우리 태양계의 행성들에는 그리스 로마 신의 이름이 붙어 있었어요. 어느 독일 천문학자가 이 행성에 하늘을 다스

리는 신의 이름을 붙이자고 제안했어요. 그 이름이 현재 우리가 알고 있는 하늘의 왕, '천왕성'이에요.
(우라노스Uranus: 그리스 로마 신화에 등장하는 하늘의 신)

허셜 남매는 영국 바스Bath에 사는 16년 동안 세 집을 거쳤는데, 그중 뉴킹스트리트 19번지는 윌리엄과 캐롤라인이 처음으로 천왕성을 발견한 곳이에요. 그 집은 오늘날 **허셜천문박물관**[*]이 되었는데, 이 책에 등장하는 그림에도 많은 영감을 주었어요.

2009년, 유럽우주국European Space Agency은 **허셜우주관측소**Herschel Space Observatory[**]를 설립하고 세계에서 가장 큰 망원경을 우주로 쏘아 올렸어요. 그리고 그 망원경으로 아주 먼 천체들을 관측했어요. 최근 집계한 바에 따르면 전 세계 130명 이상의 과학자가 천문학 박사 학위 취득에 필요한 자료를 허셜우주관측소에서 얻었는데, 그중 3분의 1은 여성이에요.

* 허셜천문박물관 http://herschelmuseum.org.uk
** 허셜우주관측소 http://sci.esa.int/herschel/